GW01458261

Chiara Doran

Just
do it

GROH

Wozu nur von Dingen träumen? Just do it – wer nicht wagt, der nicht gewinnt!

just do it

Manchmal
würde man
am liebsten
den Kopf
in den
Sand
stecken

und so tun,
als sei man nicht da ...

In **puncto** Job

hängt man total

in der Luft

und es fehlt einem die **richtige Antriebskraft,** sich an etwas **völlig Neues** zu wagen.

Vielleicht pumpt man auch gerade beruflich das Letzte aus sich heraus,

während **die Kollegen** sich
ins Fäustchen lachen.

In der **Beziehung** fühlt man sich eingeengt

und hätte **größte Lust,**
endlich mal Klartext zu reden.

Man sehnt

sich nach

Veränderung

und würde am **liebsten**
stehenden Fußes
aufbrechen,
um sie in die
Tat umzusetzen.

Doch man zweifelt, ob der Zeitpunkt jetzt günstig ist, ob man es wirklich schaffen kann...??

Andere **raten**
einem dringend ab
und geben Ratschläge
über Ratschläge.

Soll man volles
Risiko fahren,
um sein Ziel
zu erreichen,

oder **lieber** ein unauffälliges
Rückzugsmanöver starten???

Man **steht** vor einer
schwierigen Entscheidung

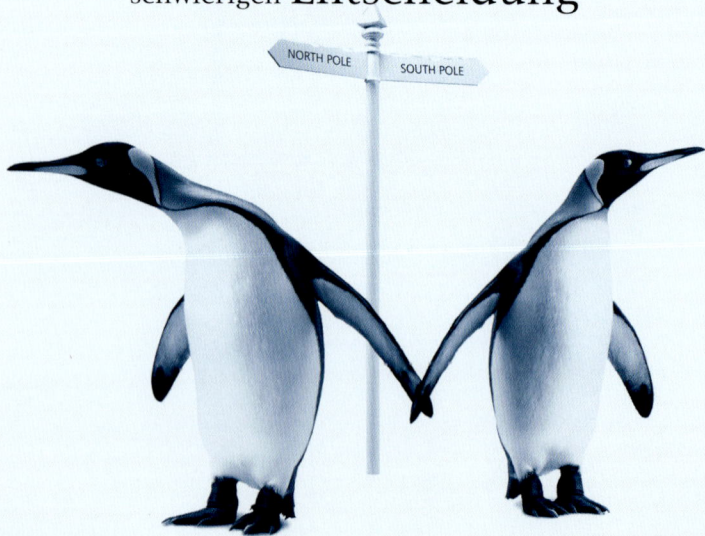

NORTH POLE   SOUTH POLE

und spielt
mit dem Gedanken,
blindlings
seinem Instinkt
zu folgen...

Wenn man sein Leben manchmal so betrachtet,

wird einem
schlagartig klar,
dass es Zeit wird,
endlich
zu handeln!

How to
do it?

22

Zauberwort Nummer eins:
Sich **niemals unterkriegen** lassen!

Zauberwort
Nummer zwei:
I'm the
greatest!

Zauberwort
Nummer drei:
Just go
and try it!

Statt weiter
in der Luft zu hängen,
reißt man sich
endlich am Riemen –
»Denk positiv,
du Idiot!« –

und **nimmt** sich
ein Beispiel an **anderen.**

Ein fetziges
Workout
bringt wieder
richtig **Power**
für den **Job**

und die Kollegen **überzeugt** man mit links, dass Teamwork einfach **cooler** ist.

Oder man
macht sich auf
die Suche nach einer
anderen Stelle:

In jedem Fall geht es mit Volldampf voraus!

In der **Beziehung** sucht

man eine **offene** Aussprache –

und **hängt** danach mehr **aneinander** als je zuvor.

Seine Zweifel
schlägt man
einfach in
die **Flucht**

und **beschließt**,
entgegen der Meinung
anderer für seine Träume
zu **kämpfen**.

Man **nutzt** eine günstige Gelegenheit,
um seine Idee **entschlossen**
in die Tat **umzusetzen** –

und mit ein bisschen

Selfmarketing

kommt man damit

groß raus:

born to be a star!

Und wenn's **nicht** so **läuft** wie geplant: Hauptsache, man hat sich **hinausgewagt!**

Schließlich **kann** man
nie **wissen**, ob es
sich nicht irgendwann
doch **auszahlt**.

Der Gefahr **sieht** man
ohne zu Zögern ins Auge –

und das
Risiko
hat sich voll
gelohnt!

Man **kann** selbst
nicht **fassen,** was
man alles **erreicht** hat,

und ist **stolz,** entgegen aller
Zweifel **letztlich** doch
die Nase vorn zu **haben.**

Alles in allem:
Wenn man erst mal
den Absprung
geschafft hat,

fühlt man

sich wie neu-

geboren.

Was immer du vorhast oder wovon du träumst: Just do it!

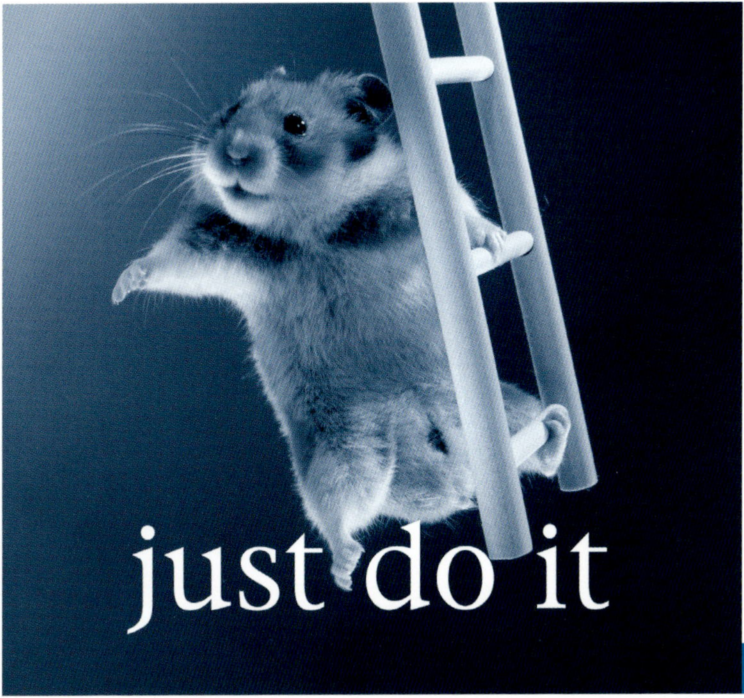
just do it

happy days

Über die Autorin:

Chiara Doran, geboren 1973 in Mailand, verbrachte als Tochter einer Italienerin und eines Deutschen ihre Kindheit teils in Italien, teils in Deutschland. Nach ihrem Abitur studierte sie Romanistik, Publizistik und Literaturwissenschaft in Rom und München. Schon früh begann sie, sich aktiv für den Tierschutz einzusetzen. Seit einigen Jahren arbeitet sie als freie Journalistin und gibt nun mit der Tierbuchreihe »Happy Days« ihr Debüt als Schriftstellerin. Dass sie mit viel Spaß und Humor bei der Sache ist, beweisen diese Bücher auf jeder Seite. Chiara Doran lebt heute mit ihrem Mann und ihrer kleinen Tochter in der Nähe von Berlin.

Aus der Reihe Happy Days gibt es im Groh Verlag die Bücher:

Don't worry, be happy (ISBN 978-3-89008-812-9)
Happy birthday to you (ISBN 978-3-89008-815-0)
I love you (ISBN 978-3-89008-813-6)
Just do it (ISBN 978-3-89008-811-2)
Just married (ISBN 978-3-89008-814-3)
You are so sexy (ISBN 978-3-89008-816-7)

sowie die Kalender:

Don't worry, be happy
Just do it (auch als Spiralbuch)

Grafik: heinz kraxenberger konzept & design
münchen-unterföhring

ISBN 978-3-89008-811-2
© 2008 Groh Verlag GmbH & Co. KG
www.groh.de

Bildnachweis:

Idee und Konzept: Groh Verlag.

077011-4253-01

Ein Lächeln schenken

Geschenke sollen ein Lächeln auf Gesichter zaubern und die Welt für einen Moment zum Stehen bringen. Für diesen Augenblick entwickeln wir mit viel Liebe immer neue GROH-Geschenke, die berühren.

In ihrer großen Themenvielfalt und der besonderen Verbindung von Sprache und Bild bewahren sie etwas sehr Persönliches.

Den Menschen Freude zu bereiten und ein Lächeln zu schenken, das ist unser Ziel seit 1928.

Ihr

Joachim Groh

GROH